AF239877

HVEM?

HVEM?

Af Torben Kragsbjerg

© 2021 Torben Kragsbjerg

2. oplag, 1. udgave, 2022

ISBN: 978-87-4304-485-7

Forsideillustration: Mathilde Vesterskov
Grafisk tilrettelægning: Nanette Vabø / DesignDimension

Forlag: BoD – Books on Demand, Hellerup, Danmark
Tryk: BoD – Books on Demand, Norderstedt, Tyskland

HVEM?

TORBEN KRAGSBJERG

TILEGNET MINDET OM

VITA ANNA
PETRA KAREN
RIGMOR
MARIUS

Særlig tak til
Mathilde Vesterskov, Nanette Vabø og Gorm Valentin.

TÆNKTE TANKER

Tænkningen har sin oprindelse i 1960-erne. Den er et produkt at disse 60-ere og en formgivning, der hører 70-erne til. Siden er den jævnligt blevet revideret og justeret om end ikke afgørende forandret. Tænkningens tilblivelse er nøje forbundet med menneskets første dage på denne klode.

1.

80 x 100 cm. Det er det største billede, jeg har malet. Der har aldrig eksisteret, og vil aldrig blive et byrum, som det der ses her. Dog minder meget om Nørretorv, Smedegade og Allegade i en middelstor provinsby. Billedet sammenfatter en række steder, ting og begivenheder. Det er for upræcist, men det hele handler ikke om dig, kan man berolige sig med. Det er et billede, der indbyder til at fortælle historier. Hvad laver Picassos hest for eksempel slynget højt til vejrs over byen? Den svæver der, som en knallertkører, der passerer hajtænderne og påkøres af en alt for hurtig bil. Svæver et øjeblik, og rammer så jorden. Højre side af baghovedet rammer asfalten, i en styrthjelm ganske vist. Knallertkøreren påtager sig hurtigt skylden. "Sådan som din knallert er skadet, har bilisten kørt alt for hurtigt" siger betjenten og er egentlig parat til at se skyld på begge sider af ulykken. -Bilen kunne jo have kørt et legende barn ned, med den fart i et villakvarter. I højre hjørne øverst i retning af Sønderbro ses noget, der minder om et kirketårn eller noget fra et pladeomslag (der minder om et kirketårn). 'In the presence and absence of each other' er der et nummer, der hedder. Vinduerne i husene illustrerer fart, som en accelererende bus, en cykel ned af en stejl bakke eller en knallertkører, der har fundet ud af at en Puch maxi ingen motorbremse har. Hellige Ib vidste den slags. Han kunne få den op på 60 km/t og overhale biler ned ad bakken, sagde han. Cyklisten var knapt så heldig. Han bremsede ned, men i bunden af bakken var der en rist. Det smalle

cykelhjul kunne lige gå ned i risten og sidde fast. Han røg over styret og endte på ryggen. Heldigvis uden ret meget fart.

2.

Perspektivet er lidt underligt, på det der kunne være Nørretorv. Bussen er hvid, grå og lilla. Der stod 'Bebbe' på siden af den, men-lad-nu-det-ligge. Den kører selvfølgelig ikke ned i jorden men derimod mod vest. Den drejer til venstre i næste lyskryds. Der ses et underjordisk toilet. Man er lettet og mere tilfreds når man kommer op derfra. Der er måske også noget symbolsk i det; en underverden. Der er to personer på billedet. En dreng og en pige. Om lidt går hun hen til bussen, stiger ind og kører hjem. Derefter tager han sin cykel og kører også hjem. En gang, på en skoleudflugt, tog hun en skål med vand og kastede den grinende efter ham. De taler ikke sammen. Faktisk er han der under påskud af at skulle følge en klassekammerat til bussen. Altså en anden, rød, bus. De plejer at købe hindbærsnitter hos bageren, hvis butik ses under hestens bagben. Det er selvfølgelig ikke så vigtigt. Det vigtige er drengen og pigen. De ser hinanden 2-3 gange i løbet af de næste 40 år. Det virker ikke helt tilfældigt. De taler ikke sammen. Der var noget biologi, der blev vakt og nogle tanker, der blev formet. Ret smukt, skal jeg sige det selv.

3.

Hvor den lilla bus kørte mod vest, så kørte den orange bus 'the other way', altså mod øst, mod Odder. Det er ikke muligt for mig at finde frem til hvornår, men en flok teenagere var samlet på et værelse. Et værelse i et hus, i gaden lige under hesten. Sandsynligvis hos en, der var flyttet tidligt hjemmefra. Der var en pige, der gengældte et blik, et smil og nogle bemærkninger. Hun kvitterede spontant med et kys. Hvor duellanten kom fra, aner jeg ikke. I en årrække mødes jeg med hende på en bestemt dato og vi danser sammen. Når en dans er forbi, spørger jeg om vi skal tage den næste. Hun siger ikke nej, og jeg holder ikke op med at spørge. Svedige står vi på gulvet, der er pause eller også var det aftenens sidste nummer. Duellanten gør opmærksom på sig selv. Han er vred. Vi er to, der er glade. Der er ingen våben, ingen håndgemæng og ingen blodsudgydelse. Vi skilles og ses først året efter.

4.

Læreren tager fat i hendes hår, og lader hende ikke vriste sig fri. Hvordan situationen er opstået, ved jeg ikke. Fordi han ikke giver efter og fordi hun heller ikke gør det, står han pludselig med en stor tot af hendes hår i hånden. "Fortalte du det så til dine forældre?" spurgte jeg hende. "Nej, for så havde jeg nok bare fået en på siden af hovedet" svarede hun. -Der måtte jo have været noget om det, hvis læreren havde gjort sådan. Børnene havde kaldt læreren for stofmisbruger, for han gik altid i det samme tøj. Mange år senere havde jeg selv den samme lærer. Jeg blev bedt om at vise hvordan egetræets grene var. Jeg prøvede at illustrere det med mine arme, men jeg syntes at spørgsmålet var komisk. Det gjorde læreren vred, men han afstod fra at give lussinger. Derimod fik vi en engelsk time med en lærer, som vi ikke plejede at have. Vi havde jo hørt om ham. I en hel time skulle vi øve udtalen af ordet 'chocolate'. Hvis nogen havde fniset eller lavet uro, så ville der falde en lussing. Ingen tvivl om det.

5.

Hvad skal man egentlig mene om de små privatskoler? Hvorfor skal man betale for noget, der er gratis i kommunalskolerne? Hvad er det de tager sig betalt for? Jeg vil tro, at nepotisme er mere udbredt på privatskolerne. Jeg mener at have oplevet det selv. Man kan se på ansættelserne f.eks. Der er nogle elever, der har muligheder i kraft af deres forældres position i skoleledelse, forældreråd osv. Skolegårdens kongelige kunne man måske kalde dem. På et tidspunkt var jeg på besøg i sådant et royalt hjem. Min klassekammerat var ude et øjeblik. Det var vist en kanin, der skulle på græs. Jeg var alene med hans mor, så siger hun "Min søn er bedre end dig". Jeg lyttede opmærksomt, for hvad kunne det være hendes søn var bedre til? Men der kom ikke mere. -Så hendes søn var i enhver henseende bedre end mig. Det var hvad jeg skulle vide. Fine mennesker, det var det da bestemt. Ikke mindst i deres egne øjne. Måske er det fordi, der arbejdes mere med strukturen, altså at skabe hierarki. Sandhed, retfærdighed, grundlov og menneskerettigheder må træde i baggrunden for de strukturelle dispositioner. Måske er det sådan. Er skolen tilmed religiøst funderet, kan man jo tilskrive det guds vilje. Personalet er de ydmyge forvaltere af denne vilje. Var der nogen, der sagde svindel?

6.

Der står to mænd i et supermarked og taler sammen. Det er muligvis sidste gang de taler sammen som venner. Den ene siger "jeg havde en mistanke om at hun røg. Har du røget, spurgte jeg hende. Ja, svarede hun, og så slog jeg hende." "Slog du hende!?" spørger vennen bestyrtet. "Ja, det gjorde jeg da rigtignok. Jeg havde jo fortalt hende, at det skulle hun ikke gøre." Da de skilles, er det som om den bestyrtede ven har fået en mavepuster. Han afskyr vold og mener, som rigtigt jo er, at man ikke skal slå børn. Selv havde han det problem, at han følte at han så at hans søn var bøsse. Det var fortvivlende for ham og knugede ham. Eftersom drengen ikke var homosexuel, og det derfor ikke var noget han kunne se, var følelsen jo hans egen. Den erkendelse gjorde ham vred. Og den vrede rettede han naturligt nok mod drengen. Drengen blev således ramt af vreden i flere omgange, 3-4 og flere. Resultatet var stress, tristhed og tavshed. Hvorfor omklamrer den mand sin søn på den måde? Man undrede sig. "Der må ikke ske min søn noget!" sagde han. Heller ikke noget godt? Var der noget eller måske snarere en, som han selv savnede?

7.

I begyndelsen var det let nok. Hun havde helt styr på hvem der var hvem. Hunden lå i sin kurv og drengen sad ved bordet. Hun talte på én måde til hunden og på en anden måde til drengen. Måske opstod problemet da hun i distraktion kom til at give drengen de småkager, som hunden skulle have haft og hunden de leverpostejmadder, som drengen skulle have haft. Drengen var tydeligt tilfreds. Han oplevede det som en pludselig anerkendelse. Hunden derimod, den var selvfølgelig utilfreds. Da hun senere lagde hunden i seng og sagde godnat til drengen i hundekurven, var den dog helt tilfreds og glad. Drengen tænkte, man skal gøre som der bliver sagt, for det var en lydig dreng, og så sov han i kurven. En dag fulgte hun drengen i skole, og de havde hunden med. Hun stod og talte med en af de andre forældre, så hun så slet ikke at hunden havde sat sig på drengens plads i klasseværelset. Hun gik derfor hjem med drengen. Sådan gik det til, at hunden fik sin første skoledag. Nu skulle man jo tro, at den ikke ville kunne klare sig, men det gik faktisk helt godt. Læreren spurgte "Er det rigtigt?" Fordi hunden fornemmede, at læreren ønskede det svar, rakte den en pote i vejret og havde dermed besvaret korrekt. "Det er gået rigtigt godt i dag" sagde læreren senere, da hun kom for at hente hunden. Hun glemte helt forbytningen og glædede sig bare over de venlige ord. Drengen havde også haft en god dag, for sjældent havde han fået så mange småkager, og den forståelse og venlighed hun havde vist ham, var han ikke vant til.

8.

"Kan du dy dig!" siger han og ser bestemt ud. Jeg ser på ham, uforstående. Er det ikke sådan man siger til en hund? Jeg forestiller mig, at det er noget hans mor har sagt til sin hund og senere også til ham. "Hvad mener du?" spørger jeg ham. "Kan du dy dig" siger han igen. "Men hvad betyder det?" "Kan du nære dig!" "Kan du ikke bare sige det sådan helt almindeligt?" spørger jeg. "Så hold da op for helvede!" råber han. "Selvfølgelig, det kunne du jo bare have sagt" siger jeg. Jeg prøvede på at forstå dem, både ham og hans kæreste. Man kan sige, at jeg havde dem i terapi, men jeg var barnet og de var de voksne. Jeg forstod, at de havde haft det svært. Han havde haft en dominerende mor, der ville bestemme stort set det hele. Hans første ægteskab sluttede brat pga. sygdom med døden til følge. Det var noget, han ikke ville tale om. Hele mindet om sit første ægteskab ønskede han at fortrænge. Der var ikke noget, der kunne få ham til at ændre holdning. For mig at se blev han mindre af det, for det var da et godt ægteskab. Noget godt at huske. Han var ikke længere det samme menneske. Havde de oplevet noget under anden verdenskrig? Havde nogen gjort dem fortræd? Jeg spurgte dem, men de svarede benægtende eller undvigende.

9.

Iscenesættelser kunne man kalde det, for når man undlader at slå børnene, så gør man vel noget andet i stedet. Når problemer opstår, kalder de på løsninger. Skole-hjem-samarbejde, koordineret indsats er måske relevante betegnelser her. Hvorom alt er, så var scenen den at 4-5 drenge fra klassen over havde puffet ham rundt i skolegården og kaldt ham for en bøssekarl. Så fortalte han det vel til sine forældre? Nej, for patriarken var ikke til at afbryde i sin muntre beretning om hereford kvæg. Det var en af hans yndlingshistorier, der blev fortalt ofte og med stor entusiasme. En herefordtyr var gået direkte gennem en tyk mur for at komme til det læs foder, der stod på den anden side. En fantastisk bedrift. Der var også en variation af denne historie, hvor det var en herefordko, der stod på den anden side og altså tyrens brunst, der gjorde at den gik gennem muren. En anden, ung tyr, gik ikke gennem muren, måske havde den ikke kræfterne til det. "Sagde du bøssekarl?" spørger drengen undrende patriarken. "Nej, jeg sagde bøssekalv" svarer han. "Hvad betyder det?" spørger drengen. "Det ved jeg ikke" siger patriarken og morer sig over sin egen vittighed. Drengen indser, at han taler med den egentlige bagmand til skolegårdens mobberi. En iscenesættelse, der ophøjes til at være børneopdragelse. Det ser ikke godt ud.

10.

Fra sit skjul bag skolebogen og med en anden bog bag, som var lidt mere interessant, rejser han sig efter at have udholdt de 45 ulidelige minutter, som en skoletime varer. "Øv bøv, dit spejlæg er kogt forneden!" råber han og får på den måde givet udtryk for sin frustration. Han er skoletræt, og sådan nogle goddag-mand-økseskaft-udsagn har en vis forløsende effekt, når de råbes. Som at åbne for en ventil eller at lukke varm luft ud. Trykudligne. Man har det bedre bagefter. Men var der egentlig en grund til at han råbte sådan? Jeg havde lavet uro i skolekøkkenet. Så meget, at læreren begyndte timerne med at sende mig på gangen. Selv syntes jeg selvfølgelig, at det var urimeligt. Havde de andre ikke været lige så urolige? Læreren ville statuere et eksempel. Tilbage til råberen, for det var ikke det eneste han råbte. Ofte slyngede han ord som "horepræmie", "vandrepokal" og "bastard" ud, eller at nogen havde "knaldet en unge i kassen". "Så, hold nu op" sagde klasselæreren mildt overbærende. Hun vidste godt hvad, der var gang i. Verbal luftforurening kunne man kalde det, og rettet mod, ja hvem egentlig? Et år før, vil jeg tro, var vi til skolelægen og blive undersøgt, målt og vejet. Nogen i køen spurgte, om jeg egentlig havde den samme blodtype, som min bror. De var ude i samme ærinde. De syntes ikke, at man kunne se slægtskabet, de fælles gener. Sandt nok vi var og er ret forskellige. Jeg havde blå øjne og lyst hår og han havde mørkt hår og grønne øjne. At være anderledes var et vilkår. Jeg var den eneste med blå øjne og lyst hår i familien. En dag jeg var alene hjemme ringede det på døren. Jeg lukkede op, og der stod en mand der præsenterede sig som patriarkens skolekammerat Peter. Jeg talte lidt med ham i døren. Jeg kunne jo ikke være sikker på, at han talte sandt, og at han altså virkelig var klassekammeraten Peter. Jeg oplyste, hvor han kunne træffe patriarken. På arbejdspladsen. Før han gik, kom han med en bemærkning, om jeg ikke havde undret mig over min fars mørke hår, når min farfar havde lyst hår. En helt surrealistisk kommentar, for min farfar var en gammel gråhåret mand, så langt jeg kunne huske tilbage. Jeg har aldrig set ham som andet end det. Selvfølgelig blev jeg mistænksom. Hvad var hensigten? Tilsyneladende var der tale om en iscenesættelse. En skole-hjem iscenesættelse velsagtens. Når ens virkelighed indeholder for meget af den slags, bliver den uvirkelig. Resultatet er afstand, for alting skal overvejes. Hvad er sandt og hvad er ikke sandt? Hvad og hvem kan man have tillid til? Det er en stor byrde, som hindrer en i at leve ukompliceret, trygt og godt. Nogle år forinden havde jeg et sammenstød med patriarken. Livet var blevet vanskeligere, altså for mig, i det nye ægteskab. Man kan ikke ruske en tilknytning til en biologisk forælder ud af et barn. Hvis man alligevel forsøger, ender det i exorcisme, altså djævleuddrivelse. -Og hvilken djævel vil med rimelighed forsøge at uddrive en djævel af et sundt og raskt barn? Der er ingen grund til at sygeliggøre en sund tilknytning til en afdød eller for den sags skyld fraskilt forælder. Jeg var vel 12 år på det tidspunkt. Patriarken var rasende. "Du nasser på os" sagde han. "Får du noget at spise?" spurgte han ud af det blå og talte ironisk, sarkastisk om en som han kaldte 'Nasser'. Retorikken var som den Glistrup og fremskridtspartiet på den tid benyttede sig af især overfor indvandrere. Min status var indvandrerens, altså den fremmede. Vi havde for længst passeret den linie, hvor der var glimt i øjet, og det bare var noget man sagde. Går jeg længere tilbage i tiden. Altså helt tilbage. En episode som patriarken ofte fortalte om. Da jeg skulle lære at gå, syntes han at det var komisk. Jeg så trist ud og lignede en gammel mand. Det morede han sig vældigt over i mange år. Jeg fik tilnavnet eller øgenavnet 'gamle'. Senere fik jeg 5-10 navne yderligere. Flere var sexistiske. Hvordan kunne det være at det var sådan? Min forklaring er, at det er patriarkens vilje til, mulighed for og evne til at se sig selv i skaberværket, der gør forskellen. Ét barn så han sig selv i. Identificerede sig. Barnets succes var hans succes, og han kunne glædes. Han blev bekræftet i at være god, at have gjort noget godt. Det barn fik også tilnavne, men de fortonede sig og var snart noget man gravede frem, hvis de blev omtalt. Relationen var seriøs. Han talte gerne med dette barn, hørte gerne hvad det havde at sige. Det andet barn kunne han ikke se sig selv i. Det var en vittighed fra begyndelsen. Noget han tog afstand fra og gjorde grin med. Relationen var useriøs. Sådan var det med de to børn. Ja/Nej. God/Dårlig. Rigtig/Forkert. Mig/Ikke mig. Måske forstår man, at de to livsforløb blev så forskellige.

11.

Rollemodellen har sat sig på en stol ved vinduet, og sover nu sin brandert ud mens børnene i solidarisk stilhed løser opgaver. En anden rollemodel kommanderer plakatfuld og i raseri sin familie ind i bilen og insisterer på at køre hjem. Vi lukkede øjnene for det, var forstående og overbærende. Hvilken straf tildelte de to mon sig selv? Formentlig tænkte de alvorligt, at kursen måtte ændres. Tænkte strenge formaninger til sig selv, og så en uge eller to efter var det glemt. Mon ikke det var sådan. Der var en historie om én, der på sin polterabend blev drukket under bordet, rullet ind i et gulvtæppe og smidt på et tog til Tyskland. Var han død da han nåede frem, eller levede han? Jeg ved det ikke. Måske var det bare en historie.

Udover det faglige i skolen er det vigtigt at børnene lærer social omgang og senere at de får et fornuftigt oplyst forhold til f.eks. rusmidler og sex. Hvis man undlader at retlede dem, kan det være den strengeste straf de kan få. Jeg skal ikke kunne sige det, men måske har man tænkt sådan. "Jeg ønsker at straffe så hårdt, som muligt. Derfor fortæller jeg ikke om konsekvenserne af barnets handlinger, eller hvorfor de var forkerte." Som en præsident ville gøre det, handler enhver efter sine efterretninger. Handler ud fra sin oplevede virkelighed, det han eller hun oplever som sandt og rigtigt. Træffer sine beslutninger og handler på disse beslutninger. Det, der tilflyder en af informationer, formaninger, tilskyndelser, trusler, humoristiske kommentarer, erfaringer og lignende er tankegods, som er baggrunden for ens adfærd. Sæt barnet ind i den ligning, og overvej om dets problematiske adfærd kan skyldes fejlinformation, misforstået ironi, fælder og lignende. Kan barnet være i god tro? I 1970-erne var der en vis rummelighed. Den gode provokation var i høj kurs. Den personlige frihed var i høj kurs. Provokationen, der kunne få folk til at overveje normen, det almindelige, common sense. Ole Lund Kirkegaard skrev børnebøger, som var i høj kurs, inkluderende som de var. De skæve eksistenser sås ofte som farverige personligheder. Farverige personligheder som f.eks. Hunter S. Thompson, Timothy Leary og en lang række musikere og kunstnere. De balancerede på en knivsæg. Olsen banden de folkelige kriminelle, som altid blev taget af politiet, og så den virkelige verdens kriminelle som f.eks. Clark Olofsson. 'Celebrity gangster' er han blevet kaldt, som en James Bond måske, men altså på den forkerte side af loven.

12.

Det var betjentenes munterhed, der fik ham til at se konspirationen. En halv time forinden havde en mand på omkring de 20 år iført fullface styrthjelm tvunget ham op mod vinduet med en kniv. Kniven fik han kun et glimt af, men den var god nok. Det var en kniv. Tankpasseren havde kigget op fra disken, hvor han var i færd med at ordne kundekort. Ind kom en mand. Tankpasseren kiggede ned, arbejdede videre og umiddelbart efter var røveren så altså omme på den anden side af disken. Der var for få penge i kassen, så han ville også have mønterne. I alt ca. 1.300 kr. Deromkring. "Efter han har fået pengene, vender han sig så om og går?" spørger den ene af betjentene. "Ja" svarer tankpasseren. "Der havde du jo din chance for at stoppe ham" fortsætter betjenten. -Altså, tankpasseren skulle forsøge at overmande en røver, der havde en kniv. Det virkede ikke seriøst. Derfor tankerne om en konspiration. Var der ikke en tankpasser, der var blevet slået ihjel under et lignende røveri i byen? Jo, vistnok. Tanker om fine mennesker, der opererer på begge sider af loven. Lokalsamfundets højest rangerede mand. En mand, der repræsenterede lov, politi og religion på samme tid. Sammenføringen af den tredelte magt. Muligheden for misbrug af den position og den magt. Ubehageligt tæt på. Sønnen, en misundelig tidligere klassekammerat med rundsave på albuerne. Tankpasseren kom med på stationen, og skulle se om han kunne udpege gerningsmanden i de billeder man havde i arkivet. Det kunne han ikke. En fullface styrthjelm dækker det meste af ansigtet, selvfølgelig. Tilbage på tankstationen lukkes der ned og låses. Det var alligevel blevet fyraften. Tankpasseren går gennem den mørke park for at komme hjem. Han har så meget energi og vrede i kroppen. Adrenalin. Hvis nogen vil overfalde ham, kan de bare komme an. De kan rende og skide blåsøm, tænker han.

13.

Humoristisk sans må man vel have, hvis man vil begå sig. Humoren kan løse op for mange vanskelige situationer, siger man. En 'afvæbnende latter' kan altså, billedligt talt, afvæbne en bevæbnet. Nogle gange kan humoren også skabe problemer, for der er som regel en pæn portion alvor i humor. Vittigheder har pointer, de siger noget, de har en brod. Man kan muntert spidde nogen med sylespidse kommentarer. Er det humor eller ej? Hvis begge parter griner af det, er det vel ok. Man siger noget virkeligt groft, en overdrivelse eller forvrængning af virkeligheden som kan være komisk. En vis balance er nødvendig. Man fyrer en grovhed af og får en retur. Touché. For nylig talte jeg med en, der mente at 'alle siger at de er blevet mobbet'. Altså at det var overdrevet i langt de fleste tilfælde, og at det var de egentlige livsvilkår, som man havde det svært med. En vis robusthed er man nødt til at have, det giver mening. Resiliens, med et fint ord.

14.

Det var ikke i sig selv det at de sagde, at han havde 'udslet' over hele kroppen. Altså udslet og ikke udslæt. Kunne den møgunge dog ikke bare forsvinde, var tanken vist. Han var også 'et stykke ukrudt'. Det er værd at være opmærksom på det, for en anden dreng, som også blev kaldt ukrudt, blev fundet med halsen skåret over ude i boligblokkene, fortaltes det. Ukrudt eller problembørn. Problembørn er mere diplomatisk sagt, forstås. Ukrudt er noget uønsket, som vi fjerner og destruerer, altså udsletter. Han nedstammede også fra aberne. Det fik ham til at tænke 'siger du at min mor var en abe?' Men nej nej, det var jo bare for sjov. Hvis man føler sig som et meget fint menneske, og adopterer nogle børn, som man morer sig over 'nedstammer fra aberne' så skaber man afstand, hvor der kunne have været nærhed og samhørighed. Hvorom alt er, der kom en vittighed retur. Det er ikke en jeg har fundet på. To bekendte møder hinanden. Den ene siger, "Jeg har lagt mærke til, at du er begyndt at gå med en abe på nakken. Uanset hvor jeg har set dig her på det sidste, så har den været der. En fin abe, men det er meget ualmindeligt. Hvordan kan det være?" "Jo, ser du. Det startede som en byld i røven"... sagde aben.

15.

Jeg vil tro, at det var en fælde. Helt sikker kan jeg jo ikke være. Min klassekammerat, som jeg ellers havde et godt forhold til, fortalte mig, at i det lokale hvor vi skulle forberede os til eksamen, ville han lægge lærebogen ned i et af skabene bagerst i lokalet. Jeg sagde til ham, at han kunne lægge bogen der, men jeg ville ikke bruge den i min forberedelse. Jeg ville ikke vide, at den var der. Jeg frarådede ham at gøre det, for han ville sikkert blive mere forvirret og nervøs. Han var rigtigt glad for lige netop det fag, og kunne derfor nok ikke rigtigt tåle at få en dårlig karakter.

16.

Det er mig en gåde, hvorfor han gjorde det. Kan det have været en fælde? Altså, læreren fortæller eleverne, at spørgsmålene til eksamen er i omvendt orden i forhold til den udleverede liste. Det sidste er det første spørgsmål osv. Eleverne kunne så, med den hjælp, regne ud hvilket spørgsmål de trak. Til eksamen er der jo ekstra pres på eleven. Det er sikkert derfor, at det gik galt for en af eleverne. Hun havde trukket sedlen, der hørte til det spørgsmål, som hun mente sig mest sikker i. Hun trak sedlen med et tal, og så gik hun i gang uden at have fået emnet oplyst. Hvordan kunne det gå til? Læreren og eleven havde et forklaringsproblem over for censor. Selv valgte jeg at undlade at spekulere i rækkefølgen og trak et helt vilkårligt spørgsmål. Historien om den uheldige elev hørte jeg først senere. Det var jo pinligt. Det er ikke for at jeg skal pudse min glorie, at jeg fortæller den her. Dybest set kan jeg jo ikke vide, om den er sand. Ville læreren bare hjælpe sine elever til bedre karakterer? Der er jo en anden hensigt, man kan forestille sig. Hvis man kan lokke en elev til at trække et særligt svært emne. En der fik lidt for gode karakterer, en der skulle dukkes. Ureglementeret var det under alle omstændigheder. Læreren burde mindst tænke strenge formaninger til sig selv i et par uger.

17.

Hvor begynder mobningen? Hvad er årsagen til den? Hvilke mekanismer har den? Som i det foregående vil jeg inddrage flere generationer og de eksempler, som jeg har oplevet eller har kendskab til. Altså det store billede eller sagt på en anden måde tingene set i det store perspektiv. Set ud fra hvad jeg ved, husker og det jeg mener er sandsynligt og relevant. En generations problematiske adfærd opstår ofte i reaktion på en ældre generations adfærd på godt og ondt, problemer i tiden og sikkert andet og mere end det. Den ældre generation havde måske tilsvarende konflikter med den endnu ældre generation. På et tidspunkt skal individet begynde at tage ansvar for sig selv og sine handlinger. Det er jo klart. Lad mig derfor lægge ud med at tage ansvar. Ja, det var mig, der stod bag ungdomsoprøret. Det er mig en gåde, at ingen har regnet det ud endnu. Jeg havde jo alderen til det. I 1968 var jeg 7 år. Jeg kæmpede for retten til at være mig selv. Jeg syntes dengang, som nu, at grundlov og menneskerettigheder var en god ide. Men tilbage til det med mobningen. Hvor skal man begynde? Måske ved traumet. Et barn blev beordret op i en skibsmast og fik højdeskræk i resten af sit liv. Et barn blev drillet med sit navn. En dreng blev drillet med at være en 'mors dreng'. Så begyndte han at græde, og så var han en 'tøsedreng' og derfra vel også en 'bøssekarl'. Drilleri og mobning bliver ofte hurtigt sexistisk, som regel uden grund. En dreng blev drillet med sit udseende, det var vist tænderne. Han klagede sin nød til de voksne, og snart blev danskundervisningen nærmest terapeutiske samtaler mellem ham og læreren, som resten af klassen kunne overvære. Stille og roligt blev læreren indlejret i en magtstruktur, for det var formandens søn. Der var en dreng, der blev nevet af pedellen om morgenen. Måske havde faderen sagt til pedellen "kan du sørge for at min søn er helt vågen, når undervisningen begynder?" Er det utænkeligt? Senere nev drengen selv en anden elev, og det er vel sådan det er. Mobning er tit noget, der bliver givet videre. Forholdet mellem barn og forældre har stor betydning for hvordan barnets adfærd er i skolen. Det virker indlysende for mig, at det må være sådan. Et barn var uønsket og derfor helst uset og uhørt derhjemme. I skolen var problemet de mundtlige præstationer og det at have lov til at være til stede og blive hørt og set. En forælder, af den ældre generation, sagde at man skulle være god ved sine børn, men man skulle også være ond. Jeg var ved at falde ned af stolen i forbavselse. "Hvorfor skal man være ond ved dem?" spurgte jeg. "Jo, for så kender de ondskaben, når de møder den senere i livet i andre sammenhænge". Målet var at gøre børnene stærke nok til at kunne klare sig. Det giver mening. Måske skal vi i virkeligheden udskifte ordet 'ond' med 'streng' for at forstå det ret.

18.

Jeg vidste da godt, at min hage var sådan markeret eller pegede fremad eller hvad skal man sige, men det var ikke noget jeg ofrede ret mange tanker på. Nu står han så der, ham der blev drillet med sine tænder, og fortæller mig sin vittighed om drengen, der havde underbid. Historien er kort fortalt den, at drengen med underbid gik rundt og spurgte de andre børn om de ville lege med ham. Hver gang fik han svaret: "Nej, dig vil jeg ikke lege med, for du har underbid." Fortælleren af vittigheden skal vrænge ordet underbid ud og selv efterligne et underbid. Morsomheden består i, at en del mennesker, når de hører historien, begynder at efterligne fortælleren af vittigheden, idet de begynder at skyde underkæben frem. Jeg har en vis tålmodighed med ham, men i grunden er han jo i færd med at bruge albuerne til at komme ovenpå. Han træder gerne ned for at komme op. Den tyranniserede svageste ønsker selv at blive tyran.

19.

Du tager den orange telefon og ringer til 70erne. Altså 1970erne.
Der var noget, der var noget 'perverst svineri' siger stemmen i
røret. Det var noget, man ikke kunne tale om. Men hvis der var
noget perverst svineri, så var der vel også mindst en der var et
perverst svin. Måske var det drengen, der var en hund, der blev
til en 'køter der lå i sit eget lort'. Men hvor kommer så svinet ind
i billedet? På et tidspunkt stod der tre teenagere og talte sam-
men. Den ene sidder på sin knallert, så siger han "jeg skal ud
til min kæreste og aflevere noget svineri". De andre undrer sig
"hvad mener du?". "Jo" siger han "når jeg sidder derhjemme på
værelset og gør det, siger min mor at det er noget svineri. Så nu
jeg kører ud til min kæreste og afleverer det". En ironisk joke,
selvfølgelig. Nu var det jo ikke sådan, at man huggede hænder-
ne af dem, der onanerede på den tid. Der var en frihedssøgende
tidsånd, en sexuel revolution, siger nogle. Vi har i vores selvfor-
ståelse gerne et frisind. Et begreb, der ofte er ret flygtigt, svært
at indfange og som nogle gange er helt uden dækning. Hvad
gjorde man så? På den ene side fortalte man børnene, at det var
ok at onanere. Man blev ikke syg af det. Alt efter forældrenes
holdning og evne til at tale om de ting, kunne det alligevel føre
til, at de sanktionerede det 'perverse svineri' eller med et end-
nu ældre udtryk sanktionerede 'selvbesmittelse'. Sanktionerne
kunne være latterliggørelse, fornedrelse, forhånelse, at blive
ekskommunikeret, at blive puffet ud. Teenageren på den spe-
dalskes ø, billedligt talt. Skolen og forældrenes rolle indebærer,

at de skal retlede barnet. Det er vel en forpligtelse de har. Der er noget barnet skal lære, en hensigtsmæssighed, en måde tingene fungerer på. Hvis der slet ikke er nogen kommunikation mellem forældre og barn, må barnet selv finde ud af det. Det agerer på baggrund af hvad der er af informationer, hvordan det tolker informationerne og hvad det tror er sandt. Meget var anderledes i 1970erne, men når talen er på det perverse, så er det som regel noget 'de andre er'. Den meningsgivende seriøse samtale er vigtig mellem generationerne. Utilsigtet flabethed og manglende seriøsitet kan forstyrre dialogen, fra begge sider.

20.

Han er en gammel mand. En tosse eller skæv eksistens, om man vil. Han har taget et sæde ud af sin bil for at gøre plads til sit får. Jeg har aldrig talt med ham, eller været tæt på ham. Han kommer oppe i svømmehallen. Han er interesseret i at snakke, virker det til. En siger, at han er nærgående over for børnene. Måske er han bare ensom og har brug for social kontakt. Han kan selvfølgelig også være en krænker. I mit sind lader jeg tvivlen komme ham til gode, men det var ham der sendte drengen op i skibsmasten. Senere flyttede han så også til den by, hvor drengen, der i mellemtiden var blevet voksen, boede. Svært ikke at tænke sit om det. Der er for mange ubesvarede spørgsmål til at få et nøjagtigt og dækkende indtryk af ham.

21.

De slæber ham op ad trappen til det øverste værelse i huset. En vild leg, som at kaste vand efter hinanden. Helt oppe under taget står der en gammel faldefærdig sofa. Der sætter de sig med ham og begynder at plukke hans 'stikkelsbærben'. Skoledrenge i puberteten. Sjovt til det ikke er sjovt længere. Efter et stykke tid lykkes det ham at flygte, og i øvrigt at undgå at det senere gentager sig. Det er jo en gammel leg tag-fat. I de lidt større klasser kan det gå hen og blive lidt for voldsomt og grænseoverskridende. Det gjorde det i hvert fald. En dreng fik den indskydelse, at hun skulle have trøjen af. Lidt kamp og så stod hun der i klasseværelset i frikvarteret uden tøj på overkroppen. Der blev grinet undervejs og hun grinede også med. Hvad skulle hun ellers gøre? Bagefter var hun ked af det. Der var 2-3 drenge, som blev straffet for det og pludselig blev de meget alvorlige. Blev de straffet for hårdt? Blev de straffet rigtigt? Altså på en måde der ydede deres offer retfærdighed og fik dem på ret kurs. Konstruktivt. Det er ikke usandsynligt, at de syntes at det var for hård en straf, og at de derfor fik øjnene op for dem, der ikke blev straffet. De undgik straf, fordi de jo ikke havde gjort noget forkert. -Men var de måske for gode? De havde også tanker om nøgenhed, kvinder og sex. En kunne ikke styre sin brandert til festerne. Når han fik for meget at drikke, blev han nærgående overfor pigerne eller brækkede sig. På det helt rigtige tidspunkt valgte de at gå på diskotek. Han blev ikke smidt ud, men han blev siden hen ikke lukket ind på det diskotek.

22.

"Er det din knallert, der står der henne i porten?" spørger gård-
vagten. Jeg er nødt til at svare ja, for det er min. Det regner og
derfor står den der. "Den må ikke stå der, det ved du jo godt"
siger gårdvagten. Jeg går hen til knallerten for at flytte den.
Forhjulet er fladt. Jeg spørger gårdvagten, om han har stukket
en kniv i dækket. Pludselig minder han mig om et mix af Orla
Frøsnapper og Clark Olofson. "Nej, luften er bare lukket ud.
Henne om hjørnet kan du få den pumpet igen". "Du kunne jo
bare have sagt det, så havde jeg jo flyttet den" indvender jeg,
men samtalen er forbi.

23.

Han vil gerne starte et slagsmål, så derfor forhåner han mig og taler dårligt om min mor. Hun døde for syv år siden. "Din far har jo giftet sig igen, så hvorfor bliver du ved med at tale om din rigtige mor?" fortsætter han. Han ved tydeligvis ikke, hvordan det er at være ukrudt og have udslet over hele kroppen. At være uønsket og være ønsket uhørt. Det går op for mig, hvor stærkt et bånd der er mellem mig og min mor. Min himmelske mor, kunne man sige, men jeg er ikke så religiøst anlagt. Det er mere en fornemmelse, en følelse af hvad der er rigtigt, godt og autentisk. Jeg elsker hende, også selvom hun ikke er her. Jeg er ikke i tvivl om, at hun var et godt menneske. Jeg er parat til at slås for hende. Det var vel også det jeg gjorde, den gang jeg var oppe at slås. I første klasse, så vidt jeg husker. I tiden lige omkring hendes død. Nu står han så der og vil slås. Hvorfor i grunden? Hans far er venner eller bekendte med min stedmors forældre. Det er noget med, at de boede på samme vej førhen. Hans far er formanden. Der skal bankes på plads og etableres en ny orden. I stedet for at slås med ham, griner jeg af ham. Jeg synes, at det er for dumt, det han har gang i. Han er en tvivlsom kammerat, og nogle gange er han bare for dum. Jeg er bedre end ham til dansk, matematik og engelsk. Jeg spiller bedre fodbold end ham. Alligevel er han omfattet af en udbredt velvilje. Patriarken ved hvad der foregik. Ellers ville han ikke sidde der ved aftensmaden og ironisere, forhåne og tale dårligt om sin første kone, altså min mor. Han må være blevet vanvittig. Han kan ikke tale om hende direkte, men han kan godt ironisere og gøre sig munter. Det hele virker absurd. Hvor kom dog al den ondskab fra? Man ønsker struktur. Man ønsker at etablere et hierarki, dominansforhold. Man ønsker at fjerne ukrudt og udslette det.

24.

Professor kaldte de ham. Han har vel klaret sig godt i skolen, siden de gav ham det tilnavn. Jeg har vist kun mødt ham en enkelt gang eller to. I hvert fald har jeg et positivt indtryk af ham. Da han blev 18 år, tog han kørekort til motorcykel. Efter kort tid blev han slået ihjel i et trafikuheld, er jeg blevet fortalt. Der var vist noget med, at han var kommet i kontakt med nogle, der ikke var helt fine i kanten. Man tænker uvilkårligt rockerbander, men jeg ved for lidt til at kunne give en nøjere beskrivelse af det. Den eneste grund til at jeg kender til det, er at min klassekammerat, som boede i samme lille by på landet, har fortalt om det. På landet var der i nogen henseender et lidt mere afslappet forhold til tingene. Min kammerat havde et tillidsfuldt forhold til sine forældre. Derfor var det ok, at han lånte bilen og kørte en tur i en alder af 15 år. Der skete ikke noget. Han var en ret god bilist. Han var den midterste søn af tre. For mig at se havde han en rolle som spilfordeler i familien. Det var en meget harmonisk familie, moderen havde godt fat om tøjlerne. De løste problemerne i fællesskab snarere end gennem ordre og straf. Jeg følte mig velkommen, når jeg var på besøg hos dem.

25.

Patriarken smiler overlegent og forsøger at være pædagogisk. Han fortæller om den udviklings-hæmmede mand fra nabo-gården på en måde, så jeg ikke er i tvivl om at han indirekte forsøger at sige noget til mig. Han antyder, at der er en lighed med mig. Man så ham ofte gå i vejsiden med en spand med mælk. Der var vist ingen, der kunne tale med ham. En gang blev han væk og en eftersøgning blev sat i værk. Området blev afsøgt af en helikopter. Der var folk ude at lede i plantagen. Der var nogle søer fra tiden, hvor man gravede brunkul. De blev un-dersøgt af dykkere. Der gik nogle dage, så vendte han tilbage. Hvor han havde været og hvad der var sket, er der vist ingen der ved. Jeg kender ham kun som den skikkelse, der kom gående i vejkanten med en spand mælk.

26.

Han var meget vellidt, den gamle mand. Han var slet ikke en tosse og heller ikke en skæv eksistens. Bundhæderlig og godhjertet, vil jeg kalde ham. Jeg har faktisk aldrig rigtigt hørt noget dårligt om ham. Han kunne tale med enhver, virkede det til. Han var rolig, godmodig og venlig overfor dem han mødte. Han kunne godt blive vred, men det skete sjældent. Han havde et fint forråd af eder; gud døde mig, den onde lyne mig og sikkert flere. På et stykke jord oppe i byen havde han får. Senere blev vejen ned til det stykke jord opkaldt efter hans efternavn. Først var han smed som sin far, så blev han ejendomshandler. Han havde et værtshus, en ejendom med udlejning, to kolonihaver og jordstykket oppe i byen. Jeg ved ikke, om jeg har det hele med. Han havde klaret sig godt. En overgang skulle han passe en vens vædder. Det var en tjeneste han gjorde ham. Han gik og ordnede hegnspælene. Den fremmede vædder stangede ham bagi. Han vendte sig om og gav den en i hovedet med spaden. Kontant afregning, det døde den ikke af. Senere stangede den fremmede vædder hans egen vædder ihjel. Hierarkiet i flokken, strukturen, var blevet forstyrret. Da han var omkring de halvfjerds år, gik han og gravede ud til fundament til en tilbygning i tung lerjord. Han fik ondt i armen og måtte indstille sig på ikke at kunne tage så hårdt fat længere. De sidste tyve år af hans liv blev for nedsat kraft. Forståeligt nok. De spurgte ham "Farfar, hvorfor kalder du dig Marius, når du hedder Niels?" "Fordi Marius, det er mig" kan han have svaret. Hvorfor skulle man dog lave om på det?

EFTERTANKE

Måske lever vi, som vi bøjer verber. Først som et jeg. Jeg er sulten. Jeg vil sove. Jeg er glad. Jeg er ked af det. Jeg vil have opmærksomhed. Derefter er der helt naturligt brug for et du. Du skal give mig opmærksomhed, så jeg kan få mad og blive glad. Det oprindelige du er mor og/eller far. Senere kommer han, hun, den og det. Det giver sig selv, at jeget, der opdagede at det behøvede et du, får øjnene op for forskelligheder. Forskellen mellem kønnene og et tilhørsforhold til det ene og, oftest, et behov for det andet. To, der danner par, er et naturligt vi. To kan blive til tre, også et vi. Grupper, som vi hører til, er alle eksempler på vi. Grupper, som ikke er vores, er nogen andres. Der er behov for et de. Måske har vi, der begyndte som et jeg, der mødte et andet jeg og skabte et tredje eller flere jeger levet et kortere eller længere liv og er blevet ældre, muligvis gamle. Fra den position forholder vi os i mangt og meget til et I. De andre bliver et I, som vi ser på med øjne, der kan tolke og forstå i forhold til det levede livs erfaringer. I bør gøre sådan. Hvis I havde forstået, hvad jeg sagde, havde I gjort det rigtige. Jeg er sulten, jeg vil sove, jeg er glad, jeg er ked af det, jeg vil have opmærksomhed.

OM FORFATTEREN

Torben Kragsbjerg, f. 1961
Jeg har en særlig interesse for de kreative fag og kultur. Tegne/
male, skrive, komponere og spille musik. Gennem årene har jeg
fulgt kurser i musik, geografi og sexologi i et forsøg på at dyg-
tiggøre mig og gøre mig i stand til at skrive om det væsentligste.
Derudover har jeg været med i følgende bands: Express, Klüvers
Bigband, Atelier, Niels Rydes Septet, Skt. Cecilies Bigband/
Keep The Change Bigband, Ancher Grøns Bigband, Soft Shoe
og Lars Holms Osv.

Tidligere projekter:

A White Man From Vita Huset (On Your Behalf Records 2008)
Fra tiden hvor Barack Obama blev præsident. Jeg boede den-
gang i Rigmors hvide hus sammen med andre lejere fra stort
set hele verden.

That's Right – Miles Davis in the 1980's (BoD 2019)
En bearbejdet engelsk udgave af mit musikvidenskabelige
speciale fra 1991.

Foto: Gorm Valentin